Landwirtschaftskammer

oder

Landwirtschaftlicher Verein

Für die bayerischen Verhältnisse besprochen

von

Sigmund Frhr. v. Pfetten-Arnbach
Mitglied des bayer. Landwirtschaftsrates

Zweite Ausgabe mit einem Nachtrage

München 1907
Druck und Verlag von R. Oldenbourg

Vorwort.

Die Frage der Einführung von Landwirtschaftskammern hat die landwirtschaftlich interessierten Bevölkerungskreise bisher sehr teilnahmslos gelassen.

Dieser Mangel an Teilnahme läßt sich auf folgende Ursachen zurückführen.

Viele halten die Organisation der landwirtschaftlichen Interessenvertretung für eine Äußerlichkeit, die den inneren Kern nicht berührt, und sind zur Annahme geneigt, daß die Übereinstimmung formeller Einrichtungen im Reiche die Einrichtung von Landwirtschaftskammern in Bayern bedinge.

Dabei geht man in den Kreisen, in welchen man der Frage überhaupt Teilnahme entgegenbringt, von der Voraussetzung aus, daß die Vertretung der landwirtschaftlichen Interessen wesentlich in den gleichen Händen bleiben wird, gleichviel, ob zu Vertretungskörpern des landwirtschaftlichen Vereines oder zu Landwirtschaftskammern gewählt wird.

Ich halte diese Meinungen für unrichtig. Wenn diejenigen, welche die Einführung von Landwirtschaftskammern wünschen, sich der ernstlichen Hoffnung hingeben, damit Männer in die landwirtschaftliche Interessenvertretung zu bringen, die mehr Verständnis für die zu vertretenden Interessen oder mehr Opferfreudigkeit für deren Vertretung besitzen, so wird diese Aussicht den bisherigen Mitgliedern der Vertretungskörper um so willkommener sein, je erfolgreicher sie verwirklicht wird.

Wenn aber keine Personenveränderungen in diesem Sinne zu erwarten sind, dann müssen die sachlichen Vorzüge der neuen Organisation um so gewichtigere sein.

Mein Wunsch ist allein darauf gerichtet, daß die landwirtschaftlichen Interessen in Bayern möglichst gut vertreten werden, und daß deren Vertretung frei bleiben möge von jener Einseitigkeit und Rücksichtslosigkeit gegen andere berechtigte volkswirtschaftliche Interessen, die uns Landwirten in durchaus unberechtigter Weise leider so vielfach vorgeworfen werden.

Von der Absicht beseelt, das öffentliche Interesse für diese wichtige Frage anzuregen, habe ich seit Einbringung des Antrages, Landwirtschaftskammern in Bayern zu errichten, mit Schrift und Wort dagegen gearbeitet und dabei, meiner Überzeugung entsprechend, den Vorzug des Landwirtschaftlichen Vereines klar darzulegen gesucht.

Die hohe Bedeutung der Angelegenheit veranlaßt mich auch jetzt, die nachfolgende Zusammenstellung zu veröffentlichen.

Der Verfasser.

I.

Landwirtschaftskammern.

Veröffentlicht in der „Allgemeinen Rundschau" vom 4. Nov. 1905.

Eben lese ich unter den neu eingebrachten wirtschaftlichen Anträgen des Zentrums die Forderung beruflicher Organisation des Bauernstandes durch Errichtung von Landwirtschaftskammern in den einzelnen Regierungsbezirken.

Gestatten Sie einem Manne, der über zwei Jahrzehnte die Landwirtschaft praktisch betreibt und ebensolange der Vertretung öffentlicher, insbesondere landwirtschaftlicher Interessen seine Tätigkeit widmet, bezüglich dieser Forderung einige Erwägungen der Aufmerksamkeit weiterer Kreise zu unterstellen.

Die Errichtung von Landwirtschaftskammern in den einzelnen Regierungsbezirken wird hier als ein Mittel gefordert, um ein Ziel zu erreichen, das ich als ein erstrebenswertes gerne anerkenne.

Den Wunsch, die Berufsstände zu organisieren, halte ich für vollberechtigt, und in den besonderen Schwierigkeiten, die einer Organisation des Bauernstandes entgegenstehen, darf kein Grund erkannt werden, auf die Verfolgung dieses Zieles zu verzichten. Aber die Errichtung von Landwirtschaftskammern in den einzelnen Regierungsbezirken halte ich für kein hierzu geeignetes Mittel, ja ich gehe noch weiter: Ich sehe darin ein Hemmnis der gesunden Fortentwicklung der landwirtschaftlichen Interessenvertretung in Bayern und eine Gefährdung wichtiger Interessen des Bauernstandes.

Die Errichtung von Landwirtschaftskammern stellt für das große Gebiet des preußischen Staates einen Ansatz dar zu einer Organisation landwirtschaftlicher Interessenvertretung, wie sie im Bereiche des preußischen Staates vorher nicht vorhanden war. Dieselbe wurde daher mit Recht in Preußen als ein wesentlicher Fortschritt für die landwirtschaftliche Interessenvertretung betrachtet. Ein einleitender Schritt zu berufsständischer Organisation des Bauernstandes ist sie auch in Preußen nicht.

Berufsständische Organisation wird überhaupt nicht mit einem Gesetze gemacht. Das Gesetz kann nur den Boden bereiten, auf dem sich eine lebenskräftige Organisation selbsttätig entwickeln kann. Ein Gesetz, welches solchem Zwecke dienen will, darf aber nicht damit anfangen, die vorhandenen Gebilde zu stören oder gar zu zerstören, sondern muß suchen, auf vorhandenen Grundlagen weiterzubauen, bestehenden guten Einrichtungen neue Stützen zu geben, Hindernisse gedeihlicher Fortbildung zu beseitigen.

Wir haben in Bayern im Landwirtschaftlichen Verein eine Organisation, welche nach einer fast hundertjährigen, ruhigen und sorgsam gepflegten Fortbildung den bäuerlichen Interessen eine Reihe von sehr hoch anzuschlagenden Vorteilen bietet. Ich nenne — die einheitliche Gesamtleitung, den Anschluß der Vertretungskörper an die Organe der Staatsverwaltung, den teils organisch, teils durch eine lang jährige praktische Arbeit, ohne vorgeschriebene Formen hergestellten Verband mit den zahlreichen landwirtschaftlichen Spezialvereinen und mit Anstalten der verschiedensten Art, endlich auch den Modus vivendi, welcher sich zwischen den Organen des landwirtschaftlichen Vereins, dem System der Raiffeisen-Vereine und anderen Organen landwirtschaftlichen Geschäftslebens in einer sehr befriedigenden Weise gebildet hat.

Auch ein weiteres Moment von hervorragender Tragweite darf hier nicht unerwähnt bleiben; ich meine die engen Beziehungen, welche sich insbesondere im Laufe der Jahre in erfreulicher Weise zwischen dem Landwirtschaftsrate und den beiden Kammern des Königreiches entwickelt haben. Dem Landwirtschaftsrate gehört nicht nur eine Anzahl von Reichsräten an, sondern man war auch bestrebt, hervorragende Mitglieder der Abgeordnetenkammer in den Landwirtschaftsrat zu wählen. Diese persönlichen Beziehungen, welche zwischen dem Landwirtschaftsrate einerseits und den beiden Kammern des Landtages anderseits erzielt wurden, sind für die Gesamtorganisation der landwirtschaftlichen Interessenvertretung von der allerwichtigsten Bedeutung.

Der landwirtschaftliche Verein ist auf Freiwilligkeit begründet und in dieser freiheitlichen Organisation erblicke ich einen wesentlichen Vorzug, auf den wir nicht leichthin verzichten sollen. Bei der letzten Revision der Vereinsstatuten war man sich darüber klar, daß die offizielle Vertretung der landwirtschaftlichen Interessen durch einen freiwilligen Vereiu zwei Schwierigkeiten mit sich bringt:

Erstens konnte eine gesetzliche Verpflichtung der Organe der Staatsregierung zur Anhörung von Vereinsgutachten nicht statuiert werden; zweitens wurden Zweifel laut, in welcher Weise die landwirtschaftlichen

Interessen solcher Gemeinden wahrzunehmen wären, in welchen der landwirtschaftliche Verein keine oder nur wenige Mitglieder zählt.

In der ersten Richtung wurde auf dem administrativen Wege die erwünschte Garantie für Anhörung der Vertretungskörper des landwirtschaftlichen Vereins seitens der Organe der Kgl. Staatsverwaltung in weitestgehendem Maße geboten. Wenn wir berücksichtigen, daß keine Regierung sich in ihren Maßnahmen einer Interessenvertretung unterordnen kann, so liegt es auf der Hand, daß dem Streite darüber, ob die administrativen Zusicherungen des Gehöres, wie sie dem landwirtschaftlichen Verein in bestimmtester Weise gegeben sind, genügen oder nicht, praktisch nicht jene Tragweite zukommt, welche die Frage theoretisch zu beanspruchen scheint. Wenn landwirtschaftliche Interessen in berechtigter, maßvoller und sachlich begründeter Weise wahrgenommen werden, wird ihre Vertretung auch ohne Gesetz sich Gehör verschaffen; bestehen aber in einem dieser Punkte wesentliche Mängel, dann wird auch ein gesetzlich gewährleistetes Gehör den erwünschten Erfolg nicht haben.

Bezüglich des zweiten Bedenkens suchen die gegenwärtig gültigen Statuten des landwirtschaftlichen Vereins durch die Einführung des Instituts der Vertrauensmänner der Gemeinden Abhilfe zu schaffen und solche ist auch durch diese Einrichtung gewährleistet. Ich bedauere es tief, daß die Einrichtung sich bisher nicht eingebürgert hat, aber diesem Mangel kann jederzeit abgeholfen werden und wird abgeholfen werden, wenn die Gemeinden selbst regeres Verständnis für landwirtschaftliche Interessenvertretung bekunden.

Die Landwirtschaftskammern werden diesen Mangel an Gemeinsinn, den nicht nur ich, sondern jeder tief beklagen muß, der sich für die Organisation des Bauernstandes interessiert, leider auch mit in Kauf nehmen müssen. Ihre Errichtung zerstört den Verband, welcher jetzt für die Vertretung der landwirtschaftlichen Interessen des gesamten bayerischen Staatsgebietes im landwirtschaftlichen Verein besteht. Sie trennt die landwirtschaftliche Interessenvertretung in acht Korporationen, welche unter sich in keinem organischen Verbande stehen.

Diese acht Einzelorganisationen werden nicht abgegrenzt nach Gesichtspunkten, die in den wirtschaftlichen Bedürfnissen des Bauernstandes liegen, sondern nach der Gestaltung von historischen Grenzen territorialer Natur, welche jeder Begründung in wirtschaftlichen Interessen entbehren.[1]) Der landwirtschaftliche Verein legt zurzeit dem Bauernstand nahezu keine Kosten auf und der geringfügige Beitrag beruht auf freiwilligem Beitritt zum Verein. Landwirtschaftskammern setzen notwendigerweise eine Umlagenerhebung für gemeinschaftliche Zwecke voraus. Auch in den Landwirtschaftskammern wird der intensivste Teil der Arbeit, die zu bewältigen ist, im Bureau oder am grünen Tisch gemacht werden müssen.

Wenn bei der Errichtung der Landwirtschaftskammern und bei den Neuwahlen in dieselben etwa der Gesichtspunkt besonders hervorgekehrt wird, neue Männer in die Vertretung zu wählen, so wird es vielleicht lange Zeit dauern, bis wieder ähnliche vertrauensvolle Beziehungen angebahnt werden, wie sie zurzeit zwischen den Mitgliedern der Vertretungskörper

[1]) Wenn die Möglichkeit eines Zentralorgans vorausgesetzt sein sollte, so kann das keinenfalls der gegenwärtige Landwirtschaftsrat sein, sondern es müßte ein neuer Vertretungskörper aus Wahlen der Landwirtschaftskammern gebildet werden.

des landwirtschaftlichen Vereins und den Staatsbeamten in den einzelnen Organen der Staatsverwaltung bestehen.

Der landwirtschaftliche Verein bietet bei der statutenmäßigen Neuwahl seiner Organe den Landwirten des Königreiches im weitestgehenden Maße die Möglichkeit, solche Männer zu wählen, welche das Vertrauen ihrer Bundesgenossen genießen und verdienen. Dieselben sind auch in der Lage, in der Leitung der Vertretungskörper etwa erwünschte Änderungen vornehmen zu können. Die Organisation des landwirtschaftlichen Vereins aber bringt es mit sich, daß solche Auswahl eine zielbewußte und an die bisherige Praxis anknüpfende sein wird.

Die Einführung von Landwirtschaftskammern bricht mit allen hergebrachten Traditionen und überrascht in einer Zeit, die so dringend wie die unsere einer ruhigen Weiterentwicklung des bestehenden Guten bedarf, mit einer vollständigen Umwälzung des Bestehenden und stellt neue Männer vor neue Aufgaben, ohne ihnen die altbewährten Mittel zur Erfüllung dieser Aufgaben an die Hand zu geben.

II.

Veröffentlicht in der „Augsburger Postzeitung" v. 21. März 1906.

Die Anträge, welche von der Zentrumsfraktion im Landtage bezüglich der Errichtung von Landwirtschaftskammern gestellt sind, geben einem Zentrumsveteranen Anlaß, der Erwägung weiterer Kreise einige Bedenken zu unterbreiten.

Bisher war es eine der hervorragendsten Parteibestrebungen, alte bayerische bewährte Einrichtungen nach Möglichkeit zu erhalten. Zu diesen bewährten alten bayerischen Einrichtungen zählt sicher unser **Landwirtschaftlicher Verein.**

Nichts Menschliches ist vollkommen und so haften gewiß auch dieser Einrichtung Mängel an. Die Mängel sind aber verbesserungsfähig und Statuten und Praxis des Vereines weisen den Weg, auf dem die Verbesserungen zu erreichen sind.

Es ist nichts Neues, daß, um Mängeln abzuhelfen, wie das Sprichwort sagt, das Kind mit dem Bade ausgeschüttet wird. Aber von der Zentrumsfraktion, deren Staatsklugheit schon so oft von anderen Parteien beneidet worden ist, darf man einen solchen Fehler nicht erwarten.

Geradezu unfaßlich erscheint es dem Zentrumsveteranen, daß die Fraktion eine alte bayerische, wohl berechtigte Einrichtung dem Streben nach Unifizierung im Reiche opfern sollte.

Auch der Umstand ist überraschend, daß die **Vertretung der landwirtschaftlichen Interessen bei den Bezirksämtern in Wegfall** kommen soll. Gerade hier sind so viele und so große landwirtschaftliche Interessen zu vertreten und hier liegt so häufig der Schwerpunkt jener Interessen, die den Verhältnissen entsprechend nur an den Kreisregierungen und bei den Ministerien ihre Wahrnehmung finden können.

Möchten sich doch die Vertrauensmänner des Volkes, welches diese in die Abgeordnetenkammer entsendet hat, im letzten Momente noch entschließen, an Stelle radikaler Umgestaltung im Sinne unitarischer Gestaltung der landwirtschaftlichen Interessenvertretung eine den wirtschaftlichen Bedürfnissen des engeren Vaterlandes angemessene **Fortbildung des Landwirtschaftlichen Vereines** zu ermöglichen!

Schließlich erübrigt es noch, darauf aufmerksam zu machen, daß das wichtigste Unterscheidungsmerkmal zwischen Landwirtschaftskammern und Landwirtschafts-Verein darin besteht, daß ersteren das Recht und die Pflicht obliegt, die Berufsgenossen zum Behufe der Pflege von Berufsinteressen zu besteuern.

Dieses Besteuerungsrecht, welches eines der wichtigsten Attribute der Landwirtschaftskammern ist, soll nach den vorliegenden Anträgen ausgeschlossen bleiben. Den Versuch, eine Einheitlichkeit der Gesetzgebung über landwirtschaftliche Interessenvertretung im Reiche herbeizuführen und Landwirtschaftskammern einzurichten, welche in dem einen Lande das Besteuerungsrecht haben, im anderen Lande aber desselben beraubt sind, halte ich für einen inneren Widerspruch, der auf dem Papier stehen, aber nicht in das wirkliche Leben eingeführt werden kann.

III.

Veröffentlicht in der „Augsburger Postzeitung“ vom 7. April 1906.

Das Wort „Landwirtschaftskammern“ ist zu einem Schlagworte geworden, unter dem man allmählich gewöhnt wird, sich eine ideale, allen Anforderungen entsprechende Standesvertretung der bäuerlichen Bevölkerung vorzustellen. Das ist ein Irrtum, der aber in seinen Folgen gefährlich werden kann, weil er viele, die berufen sind, ein entscheidendes Wort in der Sache mitzusprechen, von der unbefangenen Prüfung der aufgeworfenen Fragen zu entbinden scheint.

Standesvertretung der bäuerlichen Bevölkerung und landwirtschaftliche Interessenvertretung sind zwei

Begriffe, die zwar sehr viele Punkte gemeinsamen Inhaltes haben, die sich aber nicht vollständig decken. Ihr Unterschied liegt wesentlich darin, daß landwirtschaftliche Interessenvertretung jede politische Parteistellung ausschließt. Sie kann nur dann in gedeihlicher Weise geführt werden, wenn jede politische Parteinahme ängstlich vermieden wird, und die Vertretung landwirtschaftlicher Interessen sich auf die landwirtschaftliche Technik und die volkswirtschaftliche Seite der Berufserfüllung beschränkt. Auf diesen beiden großen und wichtigen Gebieten können die Vertreter verschiedener religiöser und politischer Anschauung einig und erfolgreich zusammenarbeiten und müssen dies tun, wenn die landwirtschaftlichen Volksinteressen allseitig gewahrt werden sollen.

Anders gestalten sich die sozialpolitischen Fragen. Standesmäßige Einigung der bäuerlichen Bevölkerung ist gewiß sehr erstrebenswert; aber sie kann nicht auf Wegen erreicht werden, welche die allgemeine landwirtschaftliche Interessenvertretung auf den engen Begriff der rein bäuerlichen Berufsgenossenschaft einschränken.

Es müßte bei einer solchen Organisation einerseits ein großer Teil wirklich vorhandener und berechtigter landwirtschaftlicher Interessen unvertreten bleiben, und anderseits würden bestehende Interessenunterschiede zu gleicher Zeit in den Vordergrund der Bewegung geschoben und in eine Vereinigung zusammengedrängt werden, so daß die gemeinsame Arbeit auf den nicht politischen Arbeitsgebieten erschwert und behindert würde.

Nur wenn wir den Unterschied zwischen rein bäuerlicher Standesvertretung bzw. der Sozialpolitik des Bauernstandes einerseits und zwischen der landwirtschaftlichen Technik und den allgemeinen volkswirtschaftlichen Interessen landwirtschaftlichen Inhaltes anderseits voll im Auge behalten, werden wir in die Lage versetzt, die richtige Auswahl der Mittel zu treffen, mit denen der eine, und mit denen der andere Zweck gefördert werden kann.

Die Landwirtschaftskammern, wie sie in verschiedenen Staaten des Deutschen Reiches bereits eingeführt sind, dienen ebenso wie der landwirtschaftliche Verein in Bayern nur den technischen und volkswirtschaftlichen Interessen der Landwirtschaft. Auch nach dem Antrage Dr. Matzingers stellen sie keine berufsgenossenschaftliche Organisation des Bauernstandes dar, sondern beschränken ihre Wirksamkeit auf allgemeine landwirtschaftliche Interessen technischer und wirtschaftlicher Art. Nach dem Antrage Dr. Matzinger wird aber gerade der Punkt aus der Wirksamkeit der „Landwirtschaftskammern" ausgeschieden, der zurzeit die wichtigste Eigentümlichkeit bestehender „Landwirtschaftskammern" bildet.

Um der landwirtschaftlichen Interessenvertretung erhöhte Leistungsfähigkeit und freieren Spielraum für ihre Wirksamkeit zu gewährleisten, wurde den „Landwirtschaftskammern" das Recht eingeräumt zur Durchführung ihrer Zwecke, die Berufsgenossen zu besteuern. Diese Zwecke werden damit auch in jenem Maße ererreicht, das die öffentlichen Sympathien in steigendem Maße den „Landwirtschaftskammern" zuwendet.

Indem der Antrag Dr. Matzinger diese Besteuerung der Berufsgenossen ausschließt und die neuen mit dem Namen „Landwirtschaftskammern" unzutreffenderweise bezeichneten landwirtschaftlichen Vertretungskörper sogar jener eigenen Einnahmen beraubt, welche der „Landwirtschaftliche Verein“ bisher aus den Mitgliederbeiträgen bezogen hat, bringt er die neuen landwirtschaftlichen Interessenvertretungen sogar in ein strengeres Abhängigkeitsverhältnis zur Staatsregierung als den „Landwirtschaftlichen Verein“.

Der Ausschluß der Vertretung bei den Bezirksämtern bedeutet unbestreitbar einen Rückschritt. Die breitere Basis innerhalb der landwirtschaftlichen Bevölkerung, welche in der Form des neuen Wahlmodus angestrebt wird, kann in ähnlicher Weise durch Abänderung der Vereinsstatuten auch im „Landwirtschaftlichen Verein“ eingeführt werden.

Ganz eigentümlich muß bei eingehender objektiver Prüfung aller einschlägigen Fragen der Umstand auffallen, daß in einer Zeit, in der, wie es jetzt der Fall ist, die freiheitliche Ausgestaltung der vaterländischen Einrichtungen in den Vordergrund der Zeitbestrebungen gerückt zu sein scheint, mit so großem Nachdrucke dem Ersatz einer auf freier Vereinigung aufgebauten Interessenvertretung, die seit hundert Jahren besteht, und sich den tatsächlichen Verhältnissen der Staats- und Volkswirtschaft angepaßt hat, durch eine Zwangsorganisation das Wort geredet wird.

Als Leitmotiv, warum dies geschieht, tritt, wenigstens soweit dies aus Preßäußerungen und aus privaten Meinungsäußerungen geschlossen werden kann, in erster Linie das Bestreben in den Vordergrund, den Einfluß des größeren Besitzes zum Vorteile des kleineren einzuschränken.

Vorausgesetzt, nicht zugegeben, daß dieses Bestreben durch tatsächlich bestehende Mängel der in Bayern bestehenden landwirtschaftlichen Interessenvertretung gerechtfertigt ist, so kann einem desfallsigen

Mangel auch innerhalb der im „Landwirtschaftlichen Verein" bestehenden freien landwirtschaftlichen Interessenvertretung abgeholfen werden, ohne daß die ohnedies mit vordringlichen Arbeiten verschiedener Art überlastete Gegenwart auch noch mit der Durchführung einer radikalen Neuorganisation zu belasten ist.

Erfahrungsgemäß kommt eine Bewegung, die einmal einen Umfang gewonnen hat, wie dies bei der Frage nach geeigneter landwirtschaftlicher Interessenvertretung z. B. der Fall ist, nicht zur Ruhe, ohne daß die Elemente, welche den Anstoß zur Bewegung gegeben haben, wenigstens einen Teil dessen erreichen, was sie anstreben.

Nachdem aber unzweifelhaft alle Beteiligten einig sind in dem Bestreben, den Interessen der vaterländischen Landwirtschaft zu dienen, so dürfte das angestrebte Ziel wohl am geeignetsten gefördert werden, wenn in freier Besprechung von frei zusammentretenden einflußreichen Herren aus dem Landtage, dem bayerischen Landwirtschaftsrate und dem Staatsministerium des Innern eine Verständigung angebahnt würde.

IV.

Veröffentlicht in der „Bayerischen Zeitung" vom 17. Juni 1906.

Der Landwirtschaftliche Verein in Bayern ist seit nahezu hundert Jahren mit der bayerischen Landwirtschaft aufs engste verwachsen. Es geht mit ihm ähnlich wie mit manchem alten treuen Dienstboten. Seine Dienstleistungen werden als etwas ganz Selbstverständliches hingenommen. Sie sind verdammte Pflicht und Schuldigkeit. Seine Fehler aber empfinden wir und sind geneigt, sie über Gebühr aufzubauschen. Wird so ein treues Faktotum uns entrissen, dann tritt es erst ins Bewußtsein der Hausgenossen, was es geleistet, und an allen Ecken und Enden wird seine Arbeit vermißt. Möchte es dem bayerischen Bauernstande nicht auch so gehen, wenn die Bestrebungen, die gegenwärtig den Bestand des Landwirtschaftlichen Vereines bedrohen, von Erfolg gekrönt werden sollten! Der Landwirtschaftliche Verein hat bis jetzt nahezu hundert Jahre treue Dienste geleistet. Er fühlt sich noch arbeitsfreudig und kräftig und hält sich für wohlbefähigt, noch lange, lange Zeit dem bayerischen Bauernstande treue Dienste zu leisten. Andere Haushaltungen, die erst in jüngster Zeit für gleiche Dienste Vorkehrung getroffen haben, wie sie bei uns seit nahezu hundert Jahren gut versehen werden, haben nun auch besondere Diener für diese Verrichtungen angestellt und haben ihnen eine vornehme Livree gegeben. Die vornehme Livree, die sticht auch bei uns manchen in die Augen, aber in diese paßt der alte Diener nicht hinein, darum soll er einem jüngeren Nachfolger Platz machen.

Der Landwirtschaftliche Verein beruht nämlich nicht auf einem Gesetz, und ohne Gesetz geht es einmal heutzutage nicht, meinen viele, ohne zu bedenken, daß ein Gesetz nur schwer Abänderungen gestattet und daß ein freiwilliger Verein sich viel leichter allen wohlberechtigten Eigentümlichkeiten von Ort und Zeit anpaßt, als ein Gesetz. Da dürfte es doch recht angezeigt sein, daß wir uns die Einrichtungen des Landwirtschaftlichen Vereines noch einmal recht gründlich ansehen, bevor wir leichthin an eine Änderung von grundsätzlicher und weittragender Bedeutung gehen.

Den Besuchern der 19. Wanderausstellung der deutschen Landwirtschafts-Gesellschaft, die im Juli vorigen Jahres in München stattgefunden hat, wurde vom bayerischen Landwirtschaftsrat ein Schriftchen vorgelegt, das betitelt ist: Der Landwirtschaftliche Verein in Bayern, sein Werden und Wirken (Pössenbacherſche Buchdruckerei, Klöck & Giehrl, München, Herzogspitalstraße Nr. 19). In diesem Schriftchen, das nur 35 Oktavseiten zählt, kann jeder, der die Tätigkeit des Vereins nicht aus dem praktischen Leben kennt, ohne viele Mühe Einblick in Geschichte und Wirken des Vereines gewinnen. Seine Aufgaben lassen sich in Kürze nach vier großen Gruppen zusammenfassen. Die erste besteht in gegenseitiger Förderung der landwirtschaftlichen Interessen durch das Zusammenwirken der vereinten Kräfte der Landwirte selbst. Die zweite darin, die Interessen der landwirtschaftlichen Bevölkerung der Staatsregierung gegenüber zu vertreten. Die dritte dient dem lebendigen Verkehr zwischen Wissenschaft und Praxis. Was in Schulen gelehrt, was am Studierpulte und in Laboratorien ersonnen und ausprobiert wird, das soll durch Vermittelung des Landwirtschaftlichen Vereins seinen Weg in die Kreise der ausübenden Landwirte finden. Derjenige Verkehr, welchen der Landwirtschaftliche Verein zwischen den Männern der Praxis und jenen der Wissenschaft herbeiführt und unterhält, kann durch keine andere Einrichtung in gleicher Weise erhalten und gefördert werden, am allerwenigsten aber durch ein Gesetz. An vierter aber durchaus nicht letzter Stelle soll die Aufgabe genannt werden, der Durchführung jener Regierungsmaßnahmen zu dienen, die die wirtschaftliche Wohlfahrt des Bauernstandes zum Inhalte haben. Gesetze, Vorschriften, öffentliche Einrichtungen, bedürfen des lebendigen Verkehres mit den Bevölkerungskreisen, zu deren Wohle sie wirken sollen. Die bestgemeinte Maßnahme kann nur dann Nutzen stiften, wenn sie recht ausgeführt wird. Bei der Ausführung manches guten Rates hat die Tüchtigkeit und Verständigkeit des Ausführenden noch zu ungeahnten Neuverbesserungen geführt. Alles, was dazu gehört, kann nur im Wege der freien Vereinstätigkeit gefördert werden. Gesetzlicher Zwang kann nur schaden.

Am 24. März 1809 wandten sich etwa 60 Gutsbesitzer und Freunde der Landwirtschaft an den damaligen König Maximilian Joseph von Bayern mit der Bitte, die Errichtung des Landwirtschaftlichen Vereins zu genehmigen. Am 9. Oktober 1810 wurde die erbetene Genehmigung erteilt. Am Neujahrstage des Jahres 1811 erwies König Max Joseph dem jungen, damals 198 Mitglieder zählenden Vereine die Ehre, das Protektorat des Vereins zu übernehmen. Seit dieser Zeit ist der jeweilige König von Bayern der Protektor des Vereins geblieben. Auch heute noch genießt der Verein die hohe Ehre, den Prinzregenten Luitpold seinen Protektor nennen zu dürfen. Prinz Ludwig ist seit dem Jahre 1868 Mitglied und Ehrenpräsident des Vereins und bekundet seit diesem Zeitpunkte durch regelmäßige Teilnahme an den Sitzungen des Generalkomitees und Landwirtschaftsrates das rege Interesse, das er der gesamten Landwirtschaft Bayerns und dem Landwirtschaftlichen Vereine als solchem fortdauernd entgegenbringt. Die erste Periode des Vereinslebens umfaßt die Jahre 1810—1835. Die Gründung des bayerischen Oktoberfestes als des volkstümlichen Zentral-Landwirtschaftsfestes fällt mit der Gründung des Landwirtschaftlichen Vereins zusammen. Anläßlich der Vermählungsfeier des Kronprinzen

Ludwig wurde es im Jahre 1810 zum ersten Male gefeiert und gestaltete sich seitdem zu jenem echt bayerischen Volksfeste aus, dessen Höhepunkt auch heute noch darin besteht, daß die Zusammengehörigkeit von Volk und Dynastie in Bayern in volkstümlicher Weise zum Ausdruck kommt.

Als Jahresbeitrag wurden damals 11 Gulden jährlich erhoben. Das Jahr 1836 brachte die erste Neuorganisation des Vereins, die Ende 1835 die Genehmigung des Königs erhalten hatte. Der Jahresbeitrag der Mitglieder wurde auf 2 Gulden 42 Kreuzer herabgesetzt. Die Zahl der Mitglieder stieg infolgedessen von 368 auf 9800. Die Organisation des Vereins erfuhr eine Verbreiterung dadurch, daß neben dem Generalkomitee und den Kreiskomitees Distriktsvereine ins Leben gerufen wurden. Die dritte Periode des Landwirtschaftlichen Vereins umfaßt sodann die Jahre 1850 bis 1859. Von hier ab erhielt die Organisation des Landwirtschaftlichen Vereins, und zwar auf persönliche Anregung des Königs Maximilian II., die Aufgabe, als technischer Berater der Staatsregierung zu dienen. Im Jahre 1850 wurde erstmals der Betrag von 18000 Gulden als Staatszuschuß gewährt. Bäuerliche, Landwirte traten in vermehrtem Maße dem Landwirtschaftlichen Vereine bei. Durch Vereinsversammlungen, Veranstaltungen von Kreis- und Bezirksfesten mit Prämiierungen wurde das Vereinsleben mehr in die Öffentlichkeit hinausgetragen. In den Vertretungskörpern des Vereins aber entwickelte sich von da ab das noch heute bestehende, wohlgeordnete Zusammenwirken von Vereins- und Regierungsorganen. Die vierte Periode von 1860 bis 1895 ist vor allem charakterisiert durch die Verleihung von Korporationsrechten an den

Verein und durch die hervorragende Bedeutung, die die Wissenschaft von da ab allmählich auch für die Ausübung der praktischen Landwirtschaft gewann.

Für die Gegenwart ist die Vereinsreorganisation vom Jahre 1895 von besonderer Bedeutung. Die wichtigste Frage, welche damals zu lösen war, bestand darin, ob die Freiwilligkeit, auf der die landwirtschaftliche Interessenvertretung in Bayern sich bisher entwickelt hatte, auch ferner als Grundlage für die Organisation der landwirtschaftlichen Interessenvertretung beibehalten werden, oder ob eine Zwangsorganisation nach preußischem Muster an deren Stelle treten solle. Erst nachdem diese Frage nach eingehender allseitiger Erörterung im Sinne einer freien Organisation nahezu einstimmig beantwortet war, wurde an die gründliche Umarbeitung der Statuten herangetreten. Vielleicht bietet sich Gelegenheit, in weiteren Aufsätzen des näheren über die Neuorganisation zu berichten. Hier sollen nur zwei Punkte, die neben der Freiwilligkeit als Hauptmerkmale für die Wirksamkeit des Landwirtschaftlichen Vereins gelten können, nähere Beleuchtung finden. Die Freiwilligkeit hat einen doppelten Inhalt. Erstens soll es jedem freistehen, durch seine Teilnahme am Landwirtschaftlichen Vereine an der landwirtschaftlichen Interessenvertretung teilzunehmen. Zweitens soll aber niemand zur Teilnahme gezwungen werden. Die Zwangsorganisation, die man in anderen Staaten mit dem Namen „Landwirtschaftskammern" bezeichnet, beruht darauf, daß nur derjenige für die landwirtschaftliche Interessenvertretung tätig werden darf, den das Gesetz als hierzu befähigt erklärt, daß aber jeder, dem diese Befähigung gesetzlich zuerkannt ist, auch verpflichtet ist, Wahlen in die Vertretungskörper anzunehmen. Die wichtige Frage, ob die Organe der Staatsregierung verpflichtet sind, Gutachten und Anträge des Landwirtschaftlichen Vereins entgegenzunehmen, und ohne solche Vorschriften nicht zu erlassen, die für die Landwirtschaft von Wichtigkeit sind, wurde für den Landwirtschaftlichen Verein in der Weise gelöst, daß durch landesherrlichen Befehl die Staatsministerien, die Kreisregierungen und die Bezirksämter auf das bestimmteste angewiesen sind, Gutachten der ihnen beigegebenen Vertretungskörper des Vereins in allen landwirtschaftlich wichtigen Angelegenheiten zu hören, und deren Anträge eutgegenzunehmen. Tatsächlich wird diesem landesherrlichen Befehle auch im vollsten Maße entsprochen, und wenn es in einzelnen Fällen nicht geschah, wurde auf Beschwerde hin dem Mißstande abgeholfen.

Einen dritten Punkt von hervorragender Wichtigkeit bildet die Frage, in welcher Weise die **Geldmittel** aufgebracht werden, die notwendig sind, um öffentliche Interessen der Landwirtschaft zu pflegen. Der Landwirtschaftliche Verein in Bayern bringt diese Mittel in der Weise auf, daß seine Mitglieder einen Jahresbeitrag von 3 Mark bzw. 1,70 Mark entrichten, und daß im übrigen öffentliche Mittel, die verfassungsmäßig an die Bewilligung des Landtages, Landrates und Distriktsrates geknüpft sind, zur Verwendung gelangen. Neben den aus freiwilligen Beiträgen gewonnenen Einnahmen können daher seitens des Landwirtschaftlichen Vereins keine Geldmittel auf landwirtschaftliche Zwecke verwendet werden, die nicht von den öffentlichen, verfassungsmäßigen Körperschaften bewilligt sind. Wie das künftig in bayerischen Landwirtschaftskammern gehalten werden soll, darüber gehen die Meinungen noch weit auseinander. Wenn die Einführung von Landwirtschaftskammern einen wirklichen praktischen Zweck verfolgen und den Nutzen bringen soll, der in anderen Staaten durch sie erreicht worden ist, dann wird es sich nicht vermeiden lassen, daß neben Staatssteuern, Kreis-, Distrikts- und Gemeindeumlagen und den Kosten der land- und forstwirtschaftlichen Unfallversicherung auch noch Umlagen für die Landwirtschaftskammern zur Einhebung gelangen.

Besonders hervorgehoben zu werden verdient auch der Umstand, daß der Landwirtschaftliche Verein seinen Vertretungskörpern allgemeine Mitgliederversammlungen an die Seite setzt, so dem Landwirtschaftsrat die jährliche Zentralversammlung, den Kreisausschüssen die jährlichen Kreisversammlungen und den Bezirksausschüssen die Bezirksvereinsversammlungen und dadurch die Arbeiten seiner Vertretungskörper unter öffentliche Kontrolle stellt.

Besondere Aufmerksamkeit endlich hat der Landwirtschaftliche Verein jederzeit und in allen seinen Organen darauf gerichtet, daß ausschließlich das wohlverstandene allgemeine Interesse und das allgemeine Wohl der landwirtschaftlichen Bevölkerung Gegenstand seiner Fürsorge sei. Dem Landwirtschaftlichen Verein kann es nur zur höchsten Befriedigung gereichen, daß ein Vorwurf, als ob Sonderinteressen irgendwelcher Art von ihm gepflegt oder gefördert worden seien, nie in positiver Weise laut geworden ist. Nur negativ hat man ihm vorgeworfen, daß er nicht die Gesamtheit der Landwirte des Königreiches vertrete, weil nicht die Gesamtheit als Mitglieder ihm angehöre. Wenn wir diesen Vorwurf mit dem vollsten Ernste würdigen, den er verdient, so kommen wir nicht darüber hinaus, daß es überhaupt nicht menschenmöglich ist, solchem Vorwürfe auszuweichen. Mag die Vertretung öffentlicher Interessen so oder anders, mag sie wie immer geordnet sein, mag freiwillige oder Zwangsorganisation, mag landesherrliche oder gesetzliche Vorschrift in Geltung sein, immer werden es nur Wenige sein, die die Geschäfte besorgen, und die große Mehrzahl der Interessenten wird sich damit begnügen müssen, auf die Auswahl dieser Wenigen einen größeren oder geringeren Einfluß üben zu können. Die Zeiten wechseln und mit ihnen der größere oder geringere Wert, der der Freiheit des Einzelnen beigelegt wird. Für höchst befremdlich aber halte ich es, daß in unserer Zeit, der doch gewiß Wertschätzung der Freiheit nicht abgesprochen werden kann, eine Neigung hervortritt, an die Stelle des altbewährten freiwilligen Vereines eine Zwangsorganisation zu setzen.

Die Vereinsstatuten aus dem Jahre 1895 haben durch die Einrichtungen der gemeindlichen Vertrauensmänner die Organisation des Landwirtschaftlichen Vereines auf die denkbar breiteste Basis gestellt. Jede Gemeinde hat das Recht, einen landwirtschaftlichen Vertrauensmann aufzustellen, und dieser genießt die vollen Rechte eines Vereinsmitgliedes. Die landwirtschaftlichen Bezirksausschüsse müssen zu einem Drittel aus solchen Vertrauensmännern bestehen; und aus diesen Bezirksausschüssen bauen sich durch freie Wahl Kreisausschuß und Landwirtschaftsrat auf. Wenigstens die Hälfte der Mitglieder jedes Vertretungskörpers muß aus Personen bestehen, die selbst Landwirtschaft ausüben oder ausgeübt haben und landwirtschaftlich oder forstwirtschaftlich benutzten Grund ihr eigen nennen. Halten wir diese Bestimmungen zusammen mit der weitgehenden Autonomie, die den landwirtschaftlichen Bezirksvereinen in der Verwaltung der eigenen Angelegenheiten und in der Wahl ihrer Vorstände gegeben ist, so kann keinen Augenblick zweifelhaft sein, daß die Einführung von Landwirtschaftskammern in Bayern einen Rückschritt bedeuten würde, wie er schlimmer und unheilvoller nicht erdacht werden könnte.

V.

Abgefaßt im Mai 1906 nach dem Erscheinen des Korreferates des Herrn Abgeordneten Prieger. Bisher nicht veröffentlicht.

Über die Frage, ob der Landwirtschaftliche Verein in Bayern als öffentlich rechtliche Vertretung der landwirtschaftlichen Interessen in Bayern fortbestehen soll oder ersetzt werden soll durch Landwirtschaftskammern, liegen nun die für die Kammer der Abgeordneten erstatteten Referate der Abgeordneten Dr. Matzinger und Prieger vor.

Beide Referate sprechen sich im Sinne des Antrages Dr. Jäger, Dr. Pichler und Genossen für die gesetzliche Einführung von Landwirtschaftskammern aus.

Das Wort „Landwirtschaftskammer" hat als solches keinen bestimmten Inhalt. Ob die Vertretungskörper landwirtschaftliche Interessen, Landwirtschaftsrat, Ausschuß, Komitee oder Kammer heißen, ist völlig gleichgültig.

Und doch handelt es sich nicht um ein Spiel mit Worten. Tatsächlich handelt es sich darum, ob um eines rein theoretischen Vorzuges willen, schwere tatsächliche Nachteile in Kauf genommen werden sollen, oder mit anderen Worten, ob um der Durchführung einer Rechtsfiktion willen an Stelle der freiwilligen eine Zwangsorganisation ins Leben gerufen werden soll, ob wir um einer sehr zweifelhaften besseren Neuerung willen eine unzweifelhaft gute altbewährte Einrichtung preisgeben sollen.

Der Landwirtschaftliche Verein beruht auf voller Freiwilligkeit und zählt einen sehr großen Teil der Landwirte Bayerns zu seinen Mitgliedern. Er ist mit bestem Erfolge bemüht, diese in immer zunehmender Anzahl für sich zu gewinnen, nimmt aber auch Mitglieder aus anderen Berufsständen auf, welche der Landwirtschaft Interesse entgegenbringen und ist bestrebt, bei seinen Versammlungen auch unter Nichtlandwirten Freunde und Mitarbeiter zu gewinnen.

Der neue legislatorische Vorschlag beruht auf dem Gedanken einer Zwangsorganisation, die sich strenge an Grundbesitz und praktische Übung der Landwirtschaft anlehnt und durch gesetzliche Fiktion den Schein für sich in Anspruch nimmt, auch diejenigen zu vertreten, die den Wahlen der neuen Vertretungskörper ferne bleiben.

Diese neue Interessenvertretung soll den Namen erhalten, den auch andere Staaten des Deutschen Reiches ihren landwirtschaftlichen Interessenvertretungen gegeben haben.

Ob dieser Name nur Schein bleiben soll, über diese wichtigste Frage gehen die Ansichten auseinander.

Die Befugnis der Besteuerung der Landwirte, welche anderwärts die Landwirtschaftskammern erst zu dem macht, was sie sind, will zwar der Korreferent aber nicht der Referent den zu schaffenden Landwirtschaftskammern geben.

Das Prinzip der Freiwilligkeit, auf dem die öffentlich anerkannte landwirtschaftliche Interessenvertretung in Bayern zurzeit beruhte und auf dem sie sich seit dem Jahre 1810 in stetiger, ruhig fortschreitender, sachlicher, allseitig als tüchtig anerkannter Arbeit entwickelt, den örtlichen und zeitlichen Bedürfnissen angepaßt, und die erfolgreichste Mitarbeit der Kgl. Stellen und Behörden, wie zahlreicher Spezialvereine gefunden hat, soll jetzt leichthin ohne zwingenden Grund einer Neuorganisation geopfert werden, über deren wichtigste Grundlage zurzeit noch die tiefste Meinungsverschiedenheit besteht.

Dem Landwirtschaftlichen Vereine kann jedermann beitreten, der sich freiwillig hierzu bereit findet. Zum Nachteile der bayerischen Landwirtschaft hat es bisher nicht gereicht, was auf Grund freiwilliger Vereinstätigkeit für sie geleistet wurde. Was im Landwirtschaftsrat, Kreis- und Bezirksausschüssen bzw. früher im General-, Kreis- und Bezirkskomitee und in den größeren und kleineren Vereinsversammlungen an meritorischer Arbeit geleistet wurde, ist in vollem Umfange nur jenen bekannt, die diesen Vertretungen näher stehen; aber in den höchsten und allerhöchsten Entschließungen, welche sich über den Leistungen des landwirtschaftlichen Vereines und seiner Organe ausgesprochen haben, kann reiche Anerkennung aufgewandten großen Fleißes, hoher Sachkenntnis und uneigennütziger Fürsorge für das Gemeinwohl jederzeit nachgelesen werden.

Jetzt soll Zwang an Stelle der Freiheit treten, die freie Organisation durch eine gesetzliche Zwangsorganisation verdrängt werden. Der Eintritt in die neuen Vertretungskörper soll zwar keine Entschädigung für zu leistende Arbeit bringen, aber unter „gesetzlichen Zwang" gestellt werden, gleich der Verpflichtung zur Annahme von Gemeindeämtern.

Durch landesherrliche Entschließung waren alle Organe der Kgl. Regierung, also die Kgl.

Staatsministerien, die Kgl. Kreisregierungen und die Kgl. Bezirksämter auf das bestimmteste angewiesen, den Rat der Vereinsorgane in allen landwirtschaftlich wichtigen Geschäften zu erholen. Wenn dies ausnahmsweise versäumt wurde, so wurde auf Beschwerdeführung der Vereinsorgane Abhilfe geschaffen.

Da sollen nun zwei Momente in das Feld geführt werden, diese altbewährte bayerische Einrichtung zu beseitigen.

Erstens die Bemängelung, daß der Befehl, welcher Stellen und Behörden verpflichtet, die anerkannte öffentliche landwirtschaftliche Interessenvertretung zu hören, vom Landesherrn erteilt wird und nicht von den Faktoren der Gesetzgebung.

Von keiner Seite wird behauptet, daß diesem landesherrlichen Befehle bisher nicht gefolgt wurde.

Die Sucht nach äußerem Scheine darf doch nicht soweit gehen, eine Interessenvertretung, deren vorzügliche Organisation allseitig anerkannt wird, deswegen wegzuwerfen, weil Voraussetzungen nicht gewahrt sind, welche nur scheinbar auf dem Papiere Wert haben. Nicht anders denn als eitlen Schein kann ich es bezeichnen, wenn die Fiktion in unser öffentliches Recht eingeführt werden soll, daß die gesamten Interessen der bayerischen Landwirtschaft nur dann vertreten sind, wenn ein Gesetz denen, die bisher sich um landwirtschaftliche Interessen nicht gekümmert haben, ein Wahlrecht garantiert. Tatsächlich haben ja alle in Frage stehenden Personen auch jetzt das Recht und die Möglichkeit, ihre Interessen in den Vertretungskörpern durch das Institut der Vertrauensmänner der Gemeinden zur Geltung zu bringen. Eine

Reichsfiktion an deren Stelle zu setzen, könnte nur dann gerechtfertigt erscheinen, wenn anders eine öffentlich anerkannt landwirtschaftliche Interessenvertretung nicht zustande kommen könnte.

Tatsächlich bietet der landwirtschaftliche Verein neben der Freiheit und seiner Anpassung an die bestehenden Verhältnisse seinen Mitgliedern und den Gemeinden durch ihre Vertrauensmänner in den Bezirksausschüssen, den Vereinsversammlungen und bei Gelegenheit der Vereinswahlen Anlaß nach dem örtlich zutage tretenden Bedürfnisse im weitestgehenden Maße in der Fortentwickelung des Vereins von unten herauf mit weitgehender Autonomie einzugreifen.

Was soll nun an die Stelle dessen, das den Landwirten Bayerns in der öffentlich anerkannten Interessenvertretung im landwirtschaftlichen Vereine wirklich zurzeit geboten ist, in Zukunft gesetzt werden?

Eine Organisation, deren wesentlichste Befugnis noch streitig ist, die nur der Kgl. Kreisregierung einen Vertretungskörper an die Seite stellt und die meisten Errungenschaften hundertjähriger Arbeit in Frage stellt.

Wer den Landwirt künftig bei den Bezirksämtern, wer ihn bei den Kgl. Staatsministerien vertritt, das bleibt vorerst alles offen. Bezirksvertretungen kennen beide Referenten des Landtages nicht, eine Vertretung bei der Ministerial-Instanz sieht der Referent vor, der Korreferent scheint sich den bestehenden Landwirtschaftsrat als fortbestehend zu denken und meint „Sache des jetzt bestehenden Landwirtschaftsrates sei es, sich mit den neuen Kammern abzufinden, aber nicht umgekehrt."

In der Natur der Sache liegt es, daß die Gesetzgebung, wenn sie eine landwirtschaftliche Interessenvertretung neu in das Leben ruft, die Aufgabe hat, sich klar darüber zu werden, was aus der bisher rechtlich anerkannten öffentlichen Interessenvertretung werden soll, und wie die dermalige Interessenvertretung in neue Verhältnisse hinübergeführt werden soll?

Das Nebeneinanderbestehen einer gesetzlichen und einer freiwilligen landwirtschaftlichen Interessenvertretung ist ja theoretisch denkbar, in der Praxis setzt es voraus, daß die Materien ausgeschieden werden, welche der Landwirtschaftskammer und dem Landwirtschaftsverein zugewiesen werden wollen.

Dabei wird man aber noch beherzigen müssen, ob wir einen solchen Überfluß an tüchtigen Arbeitskräften haben, welche für öffentliche Interessen unentgeltlich zur Verfügung stehen, daß wir uns einen solchen Luxus an Organisationen gestatten können.

VI.

Rekapitulation und Schluß.

Vorstehend sind vier Aufsätze (I mit IV) zum Abdruck gebracht, welche ich der Reihe nach in die Presse gegeben habe, um in der Öffentlichkeit jene Momente zur Geltung zu bringen, welche für die Erhaltung des landwirtschaftlichen Vereines in das Gewicht fallen.

Der unter Ziffer V eingereihte Aufsatz wurde nach dem Erscheinen des Korreferates des Abgeordneten Prieger abgefaßt. Die beiden Referate der Kammer der Abgeordneten lassen sehr wesentliche Unklarheiten darüber bestehen, wie man sich die neue Organisation der landwirtschaftlichen Interessenvertretung in Bayern vorstellen soll. Auch weichen sie in einem sehr wichtigen Punkte, ob nämlich den Landwirtschaftskammern das Recht der Besteuerung gegeben werden soll, voneinander ab. Beide Referenten aber sprechen sich ausdrücklich dahin aus, daß die Arbeitsleistung des landwirtschaftlichen Vereins als eine gute anerkannt werden muß.

Recht nahe würde daher der Schluß liegen, daß die anerkannt gute Einrichtung, welche wir besitzen, erhalten bleibe, bis allseitige Einigung über etwas unzweifelhaft Besseres erzielt ist. Solches Abwarten wäre auch durch die Geschäftslage im bayerischen Landtage gerechtfertigt, welche eine Beschlußfassung in der Frage in ziemlich weite Ferne zu rücken scheint. Dagegen drängen zwei Momente dazu, ihre neuerliche Besprechung in der Öffentlichkeit nicht allzusehr auf die lange Bank zu schieben.

Erst vor kurzem hat der Ausschuß des Deutschen Landwirtschaftsrates bei seiner Dresdener Tagung den Beschluß gefaßt, daß in allen deutschen Bundesstaaten Landwirtschaftskammern eingerichtet werden sollen; und auch der Bayerische Landwirtschaftsrat hat die Frage über die Errichtung der Landwirtschaftskammern in Bayern auf die Tagesordnung seiner Oktoberfesttagung gesetzt.

Es ist selbstverständlich, daß der Bayerische Landwirtschaftsrat ohne jede Voreingenommenheit an die Prüfung dieser wichtigen Frage gehen wird, und daß er seine Stellungnahme durch nichts anderes wird leiten lassen als durch die sachliche und pflichtgemäße Würdigung der in Betracht kommenden landwirtschaftlichen und volkswirtschaftlichen Interessen. Die

Gesichtspunkte, welche in Berücksichtigung gezogen werden müssen, sind aber so mannigfach, daß es wohl gerechtfertigt ist, dieselben vor einer so einflußreichen Beratung in einer besonderen Drucksache zusammenzustellen.

Ganz abgesehen von den durchschlagenden Gründen, welche den landwirtschaftlichen Verein als die zweckmäßigere Organisation erscheinen lassen, meine ich, sollte man ohne ganz zwingende Notwendigkeit im gegenwärtigen Momente nicht an eine umfassende Neuorganisation gehen. Unsere Zeit stellt an die gesamte Landwirtschaft und damit auch an die landwirtschaftlichen Interessenvertretungen im Deutschen Reiche und in den Einzelstaaten eine sehr große Anzahl ernster und schwieriger Aufgaben. Diesen aktuellen Aufgaben sollten wir vor allem unsere Zeit und unsere Arbeitskraft zuwenden. Eine Neuorganisation erfordert nicht nur als solche viele Zeit und Arbeit, die anderweitig nützlicher verwendet werden kann, sondern bringt es auch mit sich, daß eine geraume Zeit vergeht, bis die veränderten Verhältnisse sich eingelebt haben, und den laufenden Geschäften wieder die gleiche ernste Tätigkeit zugewendet werden kann wie vorher.

Die Bedenken, welche gegen den landwirtschaftlichen Verein ins Feld geführt werden, sind nur drei:

1. Das Mißverhältnis zwischen seiner Mitgliederzahl und der Gesamtzahl der landwirtschaftlichen Interessenten,
2. der Mangel einer gesetzlichen Verpflichtung der Staatsregierung, die Vereinsorgane zu hören, und
3. die Verschiedenheit der bayerischen Organisation und jener in anderen Bundesstaaten.

Was zur Entkräftigung dieser Vorwürfe gesagt werden kann, glaube ich in den vorausgehenden Aufsätzen an geeigneter Stelle ausgeführt zu haben.

Zum ersten Vorwurfe dürfte aus dem Dargelegten zur Genüge hervorgehen, daß es eitler Schein ist, wenn von einer Verleihung gesetzlichen Wahlrechtes an breite Interessentenkreise erwartet wird, daß dadurch die breite Basis gefunden wird, welche die Mitgliederzahl des landwirtschaftlichen Vereines vermissen lasse. Tatsächlich vertritt der landwirtschaftliche Verein die Interessen der gesamten Landwirtschaft. Die breite Basis für sein Gesamtwirken liegt neben seiner Mitgliederzahl, auch in seinen öffentlichen Versammlungen. In den Bezirks-, Kreis- und Zentralversammlungen kann jeder Gegenstand von Wichtigkeit, gleichviel ob er die betreffenden Körperschaften beschäftigt hat oder nicht, zum Gegenstand der Besprechung und Beschlußfassung gemacht werden. Diese weitgehende Kritik durch die Öffentlichkeit gibt den Beschlußfassungen der Vertretungskörper des landwirtschaftlichen Vereines unzweifelhaft eine viel breitere Grundlage als sie die Landwirtschaftskammern mit ihrer gesetzlichen Autorisation, mit ihrem breiten Wahlrechte und mit der Öffentlichkeit ihrer Korporationssitzungen genießen. Das Wahlrecht der Landwirtschaftskammern verweist die Interessenten ausschließlich auf gelegentliche Neuwahl anderer Mitglieder in die Landwirtschaftskammer, wenn die Beschlußfassungen dieser Kammer sich nicht im Einklang mit der öffentlichen Meinung befinden. Ganz anders und ungleich günstiger liegt die gleiche Frage im Landwirtschaftlichen Vereine. Hier kann jede einzelne Frage in den öffentlichen Vereinsversammlungen zum Gegenstand der Besprechung und Beschlußfassung gemacht werden, ohne daß Mitglieder von Vertretungskörpern deswegen aus einem Wirkungskreise auszuscheiden brauchen, in dem ihre Arbeitskraft hochgeschätzt wird, weil sie in dem einen oder andern Falle eine Stellung genommen haben, die nicht den Anklang der öffentlichen Meinung findet. Als letztes Mittel steht aber auch hier der Allgemeinheit das Recht der Neuwahl zur Seite, nicht weniger als bei den Landwirtschaftskammern.

Die Statuten des Landwirtschaftlichen Vereines räumen aber auch dadurch dem Einflusse breiter Interessentengruppen einen viel weiter gehenden Spielraum ein, als die Organisation der Landwirtschaftskammern, indem sie den einzelnen Bezirken in einer großen Reihe von Einzelfragen vollkommen frei anheim stellen, die ihnen zusagenden Entschließungen da zu treffen, wo für die Landwirtschaftskammern der einmalige Akt der Gesetzgebung maßgebend bleibt. So ist insbesondere die viel umstrittene Frage, ob die Geschäftsleitung der einzelnen Vereine zweckmäßiger von einem Staatsbeamten oder von einem Berufsgenossen gehandhabt wird, sowohl für die Bezirksausschüsse als für die Kreisausschüsse der freien Wahl dieser Körperschaften anheimgestellt.

Der Landwirtschaftliche Verein ist ungleich beweglicher in seiner ganzen Organisation als die Landwirtschaftskammern. Sein Anpassungsvermögen an Verhältnisse von Ort und Zeit ist ein ungleich größeres. Er nimmt die Arbeit eines jeden Landwirtes und Freundes der Landwirtschaft an, welcher ihm seine Mitwirkung anbietet und gibt dem praktischen Landwirte, dem Vertreter der Wissenschaft, dem Staats- und Gemeindebeamten, dem Volksschullehrer, wie nicht weniger dem einfachen Arbeiter gleiche Berechtigung innerhalb der Reihen seiner Mitglieder. Gegenüber der breiten Basis, welche durch diese Bestimmungen für die Vereinsarbeiten gewonnen wird, kann auch ein breites gesetzliches Wahlrecht für die Landwirtschaftskammern nur theoretisch und dem Scheine nach, nicht aber in Wirklichkeit und Wahrheit als eine bedeutungsvolle Verbesserung betrachtet werden.

Zum zweiten Punkt habe ich bereits eingehend ausgeführt, daß ich dem landesherrlichen Befehle, welcher in Bayern an die Organe der Staatsverwaltung ergangen ist, insolang keine Minderwertigkeit gegenüber einer gesetzlichen Vorschrift zuzuerkennen vermag, als kein ausreichender Grund besteht, über Nichtbeachtung dieses Befehles zu klagen. Steht doch manche gesetzliche Vorschrift nur auf dem Papier. Auch beim Gesetze ist Vorschrift und Vollzug nicht immer ein und dasselbe.

Was den dritten Punkt betrifft, so liegt es mir sehr ferne, die Vorzüge einheitlicher Organisationen im Deutschen Reiche zu verkennen, aber zwei Momente dürften hier gegen das Bestreben einer zu weitgehenden Gleichmacherei durchschlagend ins Gewicht fallen. Fürs erste ist kein Beruf mehr darauf angewiesen als der landwirtschaftliche, daß seine Institutionen sich der Eigenart der einzelnen Landesteile anpassen. Auch die landwirtschaftliche Praxis steht heute unter dem Zeichen des Verkehres und bedarf einheitlicher Einrichtungen, aber ihr Hauptobjekt, der Grund und Boden, ist und bleibt unbeweglich, und die Verschiedenartigkeit der Verhältnisse, welche dadurch begründet ist, muß gegen zu weitgehende Gleichmacherei geschützt sein und geschützt werden.

Als zweiten Moment möchte ich hier wiederholt auf die geschichtliche Entwicklung und auf das, was ich in dieser Beziehung in den früheren Aufsätzen dargelegt habe, hinweisen.

Zum Schlusse wiederhole ich den Wunsch, daß eine Vereinbarung bezüglich des Ausgleiches der verschiedenen Meinungen erzielt werden möge.

In vielen wichtigen Punkten ist eine solche möglich.

In einzelnen Punkten aber haben wir es mit Gegensätzen zu tun, die sich gegenseitig ausschließen. Als einen solchen in sich schließend muß unzweifelhaft die Frage anerkannt werden, ob die Organisation eine freiwillige bleiben, oder ob an ihre Stelle eine Zwangsorganisation treten soll. Ebenso jene, ob die Organisation sich auf ausübende Landwirte beschränken soll oder nicht. Endlich auch die, ob dem Vertretungskörpern ein Besteuerungsrecht gegeben werden soll oder nicht.

Nachtrag.

Veröffentlicht in der „Allgemeinen Rundschau", 16. März 1907, Nr. 11.

Sicherem Vernehmen nach wird die Frage auch die Wanderversammlung bayerischer Landwirte beschäftigen, welche im heurigen Frühjahre in Freising stattfinden wird.

Der Gegenstand bietet nicht ausschließlich für Landwirte Interesse, sondern ist wegen der Gegensätze, welche beiden Einrichtungen zugrunde liegen, wohl dazu veranlagt, allgemeineres Interesse wachzurufen.

Die „Allgemeine Rundschau" hat meinem ersten Aufsatze über dieses Thema ihre Spalten geöffnet. In einer besonderen Broschüre habe ich diesen und andere Aufsätze dem Buchhandel übergeben, welche bestimmt waren, das Interesse weiterer Kreise für die Erhaltung des Landwirtschaftlichen Vereins anzuregen.

In diesen Aufsätzen und auch bei der Besprechung der Angelegenheit im Landwirtschaftsrate bei seiner Oktoberfestsitzung habe ich mich darauf beschränkt, allgemeine Gesichtspunkte hervorzuheben.

Auf Details glaubte ich damals nicht eingehen zu sollen. Jetzt scheint mir der Moment gekommen zu sein, mit bestimmten Vorschlägen hervorzutreten, wie den Klagen, welche bezüglich des Landwirtschaftlichen Vereins bestehen, die Spitze abgebrochen werden kann.

Möge so das angestrebte Ziel erreicht werden und der altehrwürdige Landwirtschaftliche Verein im Jahre 1910 in neuer Jugendkraft und, getragen vom vollen Vertrauen weiter Bevölkerungskreise, sein 100 jähriges Bestehen zu feiern vermögen. Erhalten muß alles werden, was wesentlich dazu beiträgt, die in den vorausgegangenen Darstellungen geschilderten Grundsätze im praktischen Leben zur Geltung zu bringen.

Hervorragend wichtig ist daher die Erhaltung der Freiwilligkeit des Beitrittes und der Annahme von Vertrauensämtern.

Wesentlichen Schaden müßte ferner das landwirtschaftliche Interesse erleiden, wenn die Teilnahme von Freunden der Landwirtschaft ausgeschlossen werden wollte.

Die sozialen Aufgaben des Nährstandes sind so ungemein wichtige, daß dieser Stand sich unmöglich auf den Standpunkt einseitiger Interessenpolitik stellen darf.

Erhalten zu werden verdient ferner die Autonomie, die dem Landwirtschaftlichen Verein zurzeit in einem Umfange eingeräumt ist, wie sie keiner anderen Interessenvertretung zusteht.

Von größter Wichtigkeit ist sodann der enge Anschluß der Vertretungskörper des Vereins an die Organe der Staatsverwaltung, Ministerium, Kreisregierung und Bezirksamt.

Die Zusammensetzung dieser Vertretungskörper, wie sie zurzeit nach den Vereinsstatuten zu erfolgen hat, ist geradezu eine Musterleistung praktischer Lebensweisheit und Lebenserfahrung. Um das Vorwiegen landwirtschaftlich nicht persönlich interessierter Vereinsmitglieder in den Vertretungskörpern auszuschließen, bestimmen die Vereinsstatuten, daß wenigstens die Hälfte sämtlicher Mitglieder jedes Vertretungskörpers aus Personen bestehen muß, welche die Landwirtschaft ausüben oder ausgeübt haben, oder land- oder forstwirtschaftlich benutzten Grund inne haben.

Die Bezirksausschüsse müssen zu einem vollen Drittel aus Vertrauensmännern der Gemeinden bestehen.

Kreisausschüsse und Landwirtschaftsrat setzen sich zusammen aus Mitgliedern, welche von Bezirks- bzw. Kreisausschüssen gewählt sind und solchen, welche die bezüglichen Körperschaften selbst kooptieren.

Sämtliche Vertretungskörper haben die freie Wahl ihrer Vorsitzenden und Beamten.

Nicht nur der Gesamtverein sondern auch Kreis- und Bezirksvereine genießen Korporationsrechte.

Sowohl bei den Bezirks- wie bei den Kreisvereinen und dem Gesamtvereine werden neben den Sitzungen der Vertretungskörper regelmäßige öffentliche Vereinsversammlungen abgehalten, und zwar für den Landesverein und die Kreisvereine alljährlich, für die Bezirksvereine mehrmals im Jahre.

Von hervorragender Wichtigkeit ist die Aufbringung und Verwendung der Geldmittel.

Neben der Einnahme aus freiwilligen Beiträgen der Mitglieder und den Renten eigenen Vermögens ist der Verein in allen seinen Gliederungen auf die Zuschüsse der Staatsorgane angewiesen, welche wieder an die Bewilligung von Landtag, Landrat und Distriktsrat geknüpft sind.

Über die Verwendung ist der Verein seinen öffentlichen Mitgliederversammlungen Rechenschaft schuldig.

Wir sehen also für die Finanzwirtschaft des Vereins ein System mit aller Sorgfalt zur Durchführung gebracht, das den modernen Grundsätzen über

Verwendung öffentlicher Mittel nach allen Richtungen voll entspricht.

Damit sind die wesentlichsten Punkte jener Vereinseinrichtungen erschöpft, welche nicht abgeändert werden können, ohne daß eine Verschlechterung der Organisation der landwirtschaftlichen Interessenvertretung in Bayern die Folge ist.

Ich komme nun zur Besprechung wichtiger Verbesserungen, deren Einführung wünschenswert erscheint.

Als die wichtigste möchte ich die Durchführung der statutenmäßigen Bestimmungen über die Vertrauensmänner der Gemeinden halten.

Tatsache ist, daß diese Bestimmungen nur äußerst mangelhaft durchgeführt sind. Man sagt, sie haben seitens der Bevölkerung keinen Anklang gefunden. Das ist nicht zutreffend. Der Vollzug ist von oben herab nicht durchgeführt worden. Solche Maßnahmen können nicht aus der Bevölkerung heraus selbsttätig vollzogen werden. Nur wenn der Durchführung durch die berufenen Organe ein passiver Widerstand seitens der beteiligten Volkskreise entgegengesetzt worden wäre, dann könnte mit Recht von einem Mangel an Anklang seitens der Bevölkerung gesprochen werden.

Die Durchführung dieser Bestimmungen ist von ganz eminenter Wirkung den Doktrinären gegenüber, welche aus dem Verhältnisse der Mitgliederzahl des Vereins und der Gesamtziffer der landwirtschaftlichen Bevölkerung den Schluß ziehen, daß der Landwirtschaftliche Verein nicht als wahre Interessenvertretung der vaterländischen Landwirtschaft Anerkennung finden durfte. Ich sage finden durfte, denn daß er sie gefunden hat, ist notorisch. Ich nenne die Herren, die solches behaupten, Doktrinäre. Gewiß mit vollem

Rechte; denn effektiv hat noch niemand dem Verein und seinen Organen den Vorwurf gemacht, daß sie bei ihrer Geschäftsführung einseitig vorgehen oder berechtigte Interessen unvertreten lassen.

Wir haben es also tatsächlich mit einem doktrinären Vorwurf zu tun, und das geringe Interesse, welches sich in der landwirtschaftlichen Bevölkerung bisher für die korrektere Durchführung des Instituts der Vertrauensmänner gezeigt hat, ist sicher ein Vertrauensbeweis für die Vertretungskörper des Vereins.

Für dringend geboten halte ich die Einführung von bezahlten Bezirkssekretären.

Von der Erfüllung dieser Forderung hängt meines Erachtens Sein oder Nichtsein des Vereins ab.

Ohne bezahlte Bezirkssekretäre können die landwirtschaftlichen Bezirksvereine den Aufgaben nicht gerecht werden, die das moderne Geschäftsleben an sie stellt.

Mit solchen werden die Bezirksausschüsse eine Wirksamkeit entfalten, welche durch keine andere Einrichtung übertroffen werden kann.

Man sage mir nicht, daß das Geld dazu nicht vorhanden ist. Geld ist reichlich dafür verfügbar. Viel kann aus disponiblen Vereinsmitteln für diesen wichtigsten Zweck verwendet werden, wenn die Vereine von Ausgaben Umgang nehmen wollten, die jetzt vielfach üblich sind und ohne jeden Nachteil eingespart werden können.

Ein großer Teil der erforderlichen Mittel könnte aber direkt aus praktischem Geschäftsbetriebe gewonnen werden.

Die Deutsche Landwirtschaftsgesellschaft, die Ansbacher Vereinszentrale sind sprechende Beweise dafür, daß die Einkünfte nicht fehlen, wenn wirklichen praktischen

Bedürfnissen gedient wird. Die Einführung des Instituts bezahlter Bezirkssekretäre bedarf keiner Statutenänderung. Wenn die Bezirksvereine Anregung und Förderung von oben erfahren, und die Sache nicht überstürzt, sondern den Bezirksvereinen Zeit zur Durchführung gelassen wird, so kann bis zum Jubeljahr 1910 in allen Bezirken neues frisches Vereinsleben erblühen.

Die Vereinsstatuten schreiben in § 20 vor, daß die Bezirksausschüsse drei offizielle Geschäftsabteilungen bilden, zu heben:

1. für Genossenschaftswesen;
2. für Warenvermittelung;
3. für das Versicherungswesen.

Mir sind Bezirksvereine nicht bekannt, welche diese Statutenbestimmung zur Ausführung bringen, und doch ist mit diesen Bestimmungen die Anregung zu reicher praktischer Lebensentfaltung für die Bezirksvereine gegeben.

Notwendige Voraussetzung sind bezahlte Bezirkssekretäre.

Gänzlich veraltet und unzeitgemäß ist die Abstufung der Vereinsbeiträge.

Setzen wir ruhig die Beitragsziffer allgemein auf M. 1,70 herab. Davon soll M. 1,— dem Bezirksverein, 70 Pf. dem Kreisverein zufallen.

Ähnlich wie es andere Vereine halten, soll der statutenmäßige Jahresbeitrag nur als Minimalbetrag festgelegt werden.

Einer Beitragsabstufung nach dem Besitze oder der Staatssteuer möchte ich nicht das Wort reden. Eine solche Bestimmung würde nicht weniger böses Blut machen als das Besteuerungsrecht der Landwirtschaftskammer; aber dem größeren Besitze könnte eine freiwillige höhere Beitragsleistung wohl zugemutet werden, und sicher würden sich zahlreiche Mitglieder nicht weigern, den bisherigen Beitrag von M. 3,— freiwillig fortzuentrichten; auch die Zahl derer, die höhere Jahresbeiträge entrichten würden, wäre nicht klein. Auch wäre einmalige Zahlung eines Lebensbeitrages zuzulassen. Dieser wäre auf M. 500,— als Mindestbetrag zu fixieren. Auch von den höheren Beiträgen fallen 100 Teile dem Bezirksverein, 70 Teile dem Kreisverein zu.

Vorausgesetzt, daß der Verein für praktische Zwecke mehr leistet als bisher, wird es ihm auch bei herabgesetzten Beiträgen an Einnahmen nicht fehlen.

Zurzeit wird die Einrichtung eines Reichsamtes für Landwirtschaft in ernste Erwägung gezogen. In Rom wird ein internationales Bureau für landwirtschaftliche Interessen eingerichtet.

Suchen doch wir landwirtschaftliche Interessenten in Bayern mit voller und ungeschwächter Arbeitskraft mitzuwirken, daß diese neuen landwirtschaftlichen Organe in einer Weise zur Ein- und Ausführung gelangen, bei der auch unsere Interessen voll zur Geltung kommen.

Wollen wir doch in einem Momente, in dem so weittragende Projekte der Ausführung entgegenreifen, uns nicht mit Neuorganisationen beschäftigen und unsere Arbeitskraft da in unfruchtbarer Tätigkeit abnutzen, wo so viele nutzbringende Arbeit unser harrt.

Leitsätze

als

Grundlage für die weitere geschäftliche Behandlung der Frage.

I. Die Interessenvertretung durch den Landwirtschaftlichen Verein hat Vorzüge, die mit Landwirtschaftskammern nicht vereinbar sind.

Die gesetzliche Einführung von Landwirtschaftskammern stellt sich daher in Bayern als eine Verschlechterung der landwirtschaftlichen Interessenvertretung dar.

II. Im Landwirtschaftlichen Verein können erhebliche Verbesserungen eingeführt werden.

III. Die Bestrebungen, in Bayern das System der Landwirtschaftskammern einzuführen, gefährden in hohem Grade den Bestand der guten Einrichtung, die wir besitzen, bieten aber sehr geringe Aussicht, daß das Ziel, welches den Freunden der Landwirtschaftskammern als erstrebenswert vorschwebt, erreicht wird.

IV. Ein Mittelweg, der mit der Erhaltung der guten Einrichtungen, die wir besitzen, vereinbar ist, kann in folgenden Maßnahmen gefunden werden:

1. Die Kreisausschüsse erhalten die Benennung „Landwirtschaftskammern".

2. An die Kgl. Staatsregierung wird das Ansuchen gerichtet, einen Gesetzentwurf vorzulegen, welcher im Sinne der h. M. E. vom 28. Oktober 1895 die dort im Namen Seiner Majestät des Königs ausgesprochene Anerkennung der Vertretungskörper des Landwirtschaftlichen Vereins als offizielle Vertretung der landwirtschaftlichen und forstwirtschaftlichen Interessen in Bayern die Zustimmung der beiden anderen Faktoren der Gesetzgebung ausspricht, so daß gleichwie in den übrigen Staaten des Deutschen Reiches auch in Bayern die Organisation der landwirtschaftlichen Interessenvertretung gesetzliche Anerkennung genießt.

V. Stellungnahme des Landwirtschaftlichen Vereins ohne vorgängige Einvernahme der Kreis- und Bezirksausschüsse ist ausgeschlossen.

www.ingramcontent.com/pod-product-compliance
Lightning Source LLC
LaVergne TN
LVHW091733021026
849161LV00003BB/590
* 9 7 8 3 4 8 6 7 3 5 6 3 5 *